AF349869

# CATALOGUE

DE

# MEUBLES ANCIENS

## 13 TAPISSERIES

### ARMES DU XVIᵉ SIÈCLE

BRONZES — PENDULES

## TABLEAUX

PORCELAINES — FAIENCES

### EN PARTIE ARRIVANT DE PROVINCE

*DONT LA VENTE AURA LIEU*

### HOTEL DROUOT SALLE Nᵒ 3

## Le Lundi 22 Décembre 1879

A UNE HEURE ET DEMI

---

COMMISSAIRE-PRISEUR

Mᵉ E. BERTHELIN

Sʳ DE Mᵉ CHARLES OUDART

29, rue Le Peletier

EXPERT

M. ÉMILE BARRE

20, Chaussée-d'Antin

---

EXPOSITION PUBLIQUE

LE DIMANCHE 21 DÉCEMBRE 1879, DE 1 HEURE 1/2 A 5 HEURES

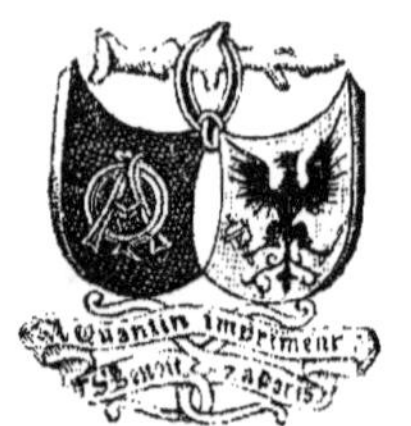

## CONDITIONS DE LA VENTE

Elle sera faite au comptant.

Les adjudicataires payeront *cinq centimes par franc* en sus des enchères, applicables aux frais.

---

L'Exposition mettant les adjudicataires à même de se rendre compte de l'état et de la nature des objets, il ne sera admis aucune réclamation. une fois l'adjudication prononcée.

# DÉSIGNATION

---

## TAPISSERIES, ÉTOFFES

1 à 13. — Treize Tapisseries anciennes de différentes époques.

14. — Petit Panneau sur châssis du xvie siècle.

15. — Armoirie en tapisserie.

16. — Lambrequin en tapisserie du xvie siècle.

17. — Deux Dossiers de Fauteuil en tapisserie sur châssis.

18. — Chasuble Louis XIII, fond or.

19. — Petit Tapis de table à pagodes du xvie siècle.

20. — Autre petit Tapis de table de Beauvais.

21. — Lambrequin d'Aubusson, fond vert.

22. — Lot d'Étoffes anciennes.

## MEUBLES

23. — Belle Armoire normande Louis XVI, en chêne sculpté.

24. — Jolie petite Crédence Renaissance, en noyer.

25. — Petit Chiffonnier en bois de rose, Louis XVI.

26. — Bureau Louis XV à dos d'âne, en marqueterie à fleurs.

27. — Bureau Louis XV en bois des îles.

28. — Bureau plat Louis XV en marqueterie de bois.

29. — Crédence gothique en noyer sculpté.

30. — Cabinet italien en bois noir et ivoire.

31. — Douze Chaises italiennes, anciennes, en noyer sculpté.

32. — Une gaine en marbre.

33. — Meuble à deux corps en chêne sculpté, hollandais, le haut formant vitrine.

34. — Deux Chaises en certosine.

35. — Grand Cartonnier Louis XVI en acajou, avec cannelures en cuivre.

36. — Grande Bibliothèque Louis XVI en acajou, avec cannelures en cuivre.

37. — Bureau cylindre Louis XVI en acajou, avec cannelures en cuivre.

38. — Armoire à glace Louis XVI, en acajou, avec cannelures en cuivre.

39. — Vitrine plate, à bijoux, Louis XVI en acajou, avec cannelures en cuivre.

40. — Meuble d'entre-deux, vitré, à coins ronds, Louis XVI, en acajou, avec cannelures en cuivre.

41. — Vitrine à deux portes, à coins ronds, avec cannelures en cuivre.

42. — Vitrine à une seule porte, à coins ronds, avec cannelures en cuivre.

43. — Chiffonnier à colonnes détachées, à coins ronds, avec cannelures en cuivre.

44. — Petit Chiffonnier bas, à cannelures en cuivre.

45. — Table à jeu, avec cannelures en cuivre.

46. — Table de nuit, avec cannelures en cuivre.

47. — Guéridon rond, avec cannelures en cuivre.

48. — Petit Écran-Pupitre, avec cannelures en cuivre.

49. — Écran à tablettes, avec cannelures en cuivre.

50. — Deux Consoles Louis XVI en bois sculpté, à dessus de marbre.

51. — Petite-Table-Servante, surmontée d'une assiette de Sèvres.

52. — Bureau hollandais.

53. — Jardinière acajou Louis XVI.

54. — Guéridon à bascule Louis XVI.


## PENDULES, BRONZES, MARBRES

55. — Pendule forme pyramide, époque Louis XVI, en marbre blanc et bronze doré.

56. — Pendule, avec sujet *Diane chasseresse*, sur socle en
marbre vert.

57. — Paire de Candélabres à trois lumières, en bronze doré,
soutenus par des enfants, époque Louis XVI.

58. — Paire de Girandoles à trois lumières, en bronze doré,
époque Louis XVI.

59. — Belle paire de Vases en porcelaine, pâte tendre,
montés en bronze.

60. — Groupe en bronze, représentant *la Victoire*.

61. — Groupe en bronze, représentant le double baiser.

62. — Gros Flambeau, soutenu par deux enfants, époque
Louis XVI.

63. — Lot de vingt pièces en bronze doré au mat, Frises et
Ornements.

64. — Joli petit Bougeoir Louis XV, surmonté d'un Amour.

65. — Grand Socle en marbre noir, avec pieds en bronze.

66. — Groupe en bronze, tireurs d'épines.

67. — Autre Groupe en bronze, tireurs d'épines.

68. — Autre Groupe, la joueuse d'osselets.

69. — Deux Bustes de femme, les souvenirs d'enfance.

70. — Buste de Napoléon Ier.

71. — Autre Buste de Napoléon Ier, plus petit.

72. — Grande et belle Vierge, en métal blanc, H. 1[m],70.

73. — Groupe *Bacchus à la Chèvre*, signé Camanou, en même métal, H. 0$^m$,90, L. 1$^m$,30.

74. — Deux Flambeaux en plaqué anglais.

75. — Deux Flambeaux à deux lumières, bronze doré.

76. — Porte-Plats en bronze.

77. — Cache-Pot en cuivre découpé, à jour.

78. — Quatre Appliques Louis XVI, à trois lumières.

79. — Grand Vase en cuivre repoussé du xvi$^e$ siècle.

80. — Deux Anges en prière, en marbre.

81. — Statuette en marbre, Jupiter tonnant.


# TABLEAUX


82. — Deux Tableaux sur cuivre, formant pendant, de l'école de *Rembrandt*.

83. — Portrait du xvi$^e$ siècle, représentant *Marie Stuart*.

84. — Autre portrait du xvi$^e$ siècle, italien.

85. — Deux Panneaux à grisaille, fond or.

86. — *Le Christ sortant du Tombeau*.

87. — Portrait de Femme, attribué au Bronzino.

88. — Panneau représentant *le Calvaire*.

89. — Tableau gothique italien, représentant *saint Jean*.

90. — Dessins de Ziem.

91. — Quatre Cadres.

92. — Un autre, plus grand, italien.

# ARMES ANCIENNES DU XVIe SIÈCLE

93. — Pistolet.

94. — Deux Casques.

95. — Deux autres.

96. — Un autre.

97. — Corselet à filets.

98. — Autre, avec dos.

99. — Autre, avec dos gravé.

100. — Autre, avec dos uni.

101. — Petit corselet.

102. — Trois Corselets de mineurs, avec dos gravés.

103. — Devant de cuirasse de mineur, avec bretelles.

104. — Corselet et dos de cuirasse.

105. — Dos de cuirasse uni.

106. — **Deux paires d'Épaulières gravées.**

107. — Trois paires d'Épaulières unies.

108. — Une Épaulière.

109. — Trois paires de Brassards unis.

110. — Une paire de Brassards gravés.

111. — Un Brassard.

112. — Trois paires de Coudières.

113. — Trois paires de Gantelets unis.

114. — Un Gantelet gravé.

115. — Quatre Gorgerins complets.

116. — Cinq paires de Tassets.

117. — Une paire d'Étriers espagnols.

118. — Deux autres Étriers espagnols.

119. — Une paire de Cuissards.

120. — Deux Cabassets unis.

121. — Deux Cabassets gravés.

122. — Un Mors.

123. — Un Instrument de torture.

124. — Quatre Batteries de pistolets.

125. — Deux Gardes d'épée repercées à jour.

126. — Six Chanfreins de cheval.

127. — Gourde en bois avec manche en cuivre.

128. — Deux Mains Gauches.

129. — Une Miséricorde.

130. — Trois Épées.

131. — Un Fer de lance quadrangulaire.

132. — Deux Lames de yatagan.

133. — Lot de Pièces dépareillées.

134. — Grande Canardière.

135. — Fusil à bourrelet, bois orné d'ivoire.

136. — Fusil italien en bois incrusté de cuivre.

137. — Autre Fusil italien en bois incrusté de cuivre.

138. — Autre Fusil italien avec batterie à rouet.

139. — Plusieurs autres Fusils.

140. — Hallebardes et Pertuisanes.


## OBJETS DIVERS


141. — Monument du xvie siècle, bois noir et écaille, avec miniature.

142. — Encrier en porphyre.

143. — Bouteille carrée de la famille verte.

144. — Combat de chiens, en terre de sifflet.

145. — Statuette en biscuit, représentant Jocrisse.

146. — Paire d'Appliques avec plaques de cristal.

147. — Trois Verres de Venise.

148. — Deux Flambeaux à deux branches, genre cloisonné.

149. — Deux petits Vases en verre, décor en relief.

150. — Bas-Relief rond, d'après Michel-Ange.

151. — Grand Plat en faïence de Rouen.

152. — Petit Vase en faïence italienne.

153. — Un Cornet en faïence italienne.

154. — Garniture de quatre pièces en vieux Delft.

155. — Deux Bouquetières de Strasbourg.

156. — Cornet en vieux chine à mandarins.

157. — Bouteille cylindrique en chine bleue.

158. — Potiche chine bleue et rouge.

159. — Vase en grès émaillé, forme cor de chasse

160. — Plat en céladon blanc.

161. — Sept Tasses en chine, avec présentoirs.

162. — Petit Pot à lait, en porcelaine à la Reine.

163. — Pot à tabac en craquelé.

164. — Porte-allumettes, monture en argent

165. — Joueur de musette, en Delft.

166. — Sucrier chine, fond chocolat.

167. — Porcelaines et Faïences diverses.

168. — Deux Coupes en serpentin, style antique.

169. — Plat en Wegwood, décor en relief.

170. — Objets divers non catalogués.

PARIS. — Impr. J. CLAYE. — A. QUANTIN et Cᵉ, rue Saint-Benoît. — [2277]